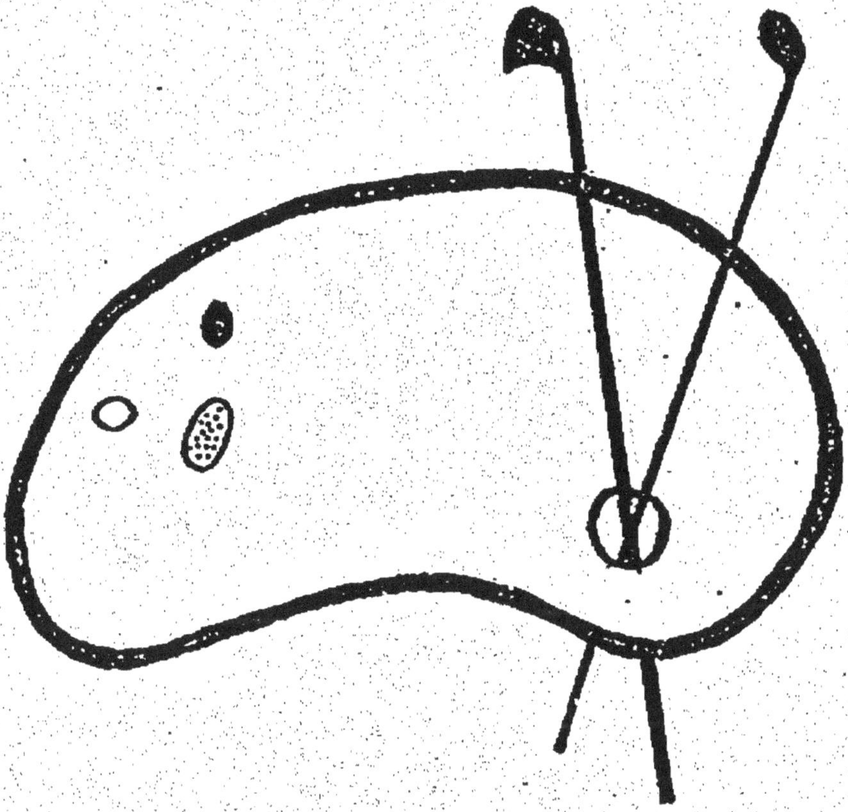

DEBUT D'UNE SERIE DE DOCUMENTS
EN COULEUR

AUSSONNE

SES SEIGNEURS

ET SON ÉGLISE

1148-1793

PAR

M. ARAGON

Curé de Saint-Julia

ANCIEN CURÉ D'AUSSONNE

TOULOUSE

IMPRIMERIE CATHOLIQUE SAINT-CYPRIEN

27, ALLÉES DE GARONNE, 27

—

1896

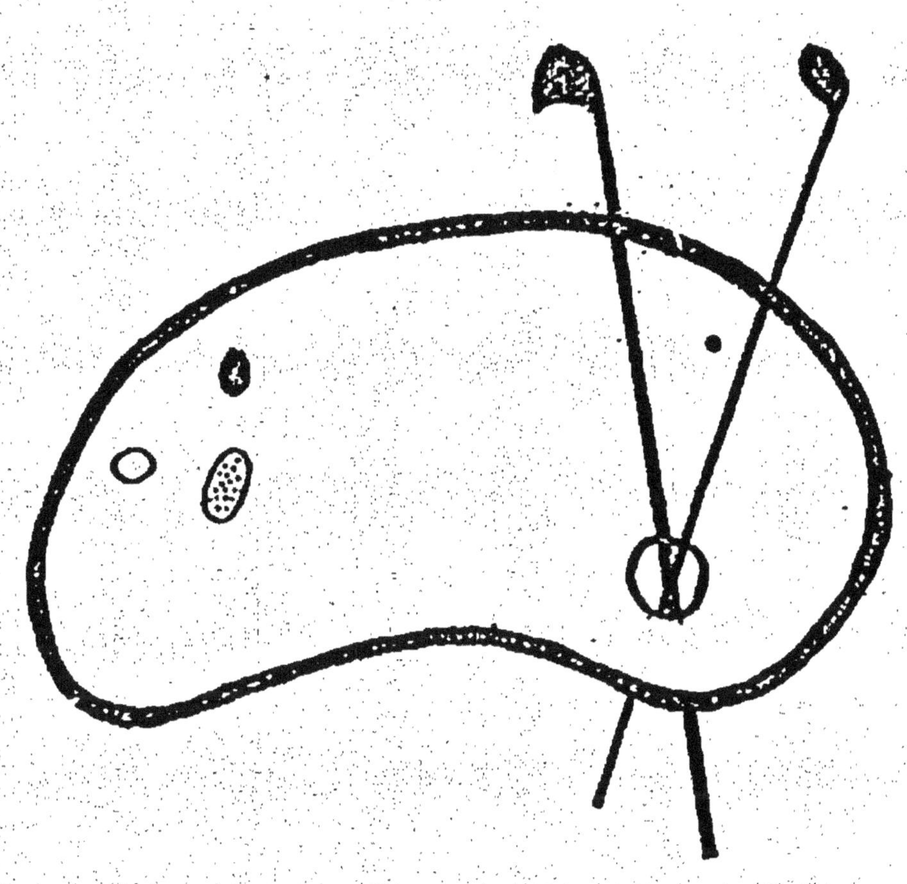

FIN D'UNE SERIE DE DOCUMENTS
EN COULEUR

AUSSONNE

SES SEIGNEURS

ET SON ÉGLISE

1148-1793

PAR

M. ARAGON

Curé de Saint-Julia

ANCIEN CURÉ D'AUSSONNE

TOULOUSE

IMPRIMERIE CATHOLIQUE SAINT-CYPRIEN

27, ALLÉES DE GARONNE, 27

1896

AVANT-PROPOS

Le voyageur qui suit la route de Toulouse à Grenade, aperçoit à moitié chemin, sur un des coteaux qui dominent la rive gauche de la Garonne, un clocher ogival, à la flèche gracieuse et élancée : c'est celui de l'église d'Aussonne, charmant petit village situé à 17 kilomètres de Toulouse. Un vieux château et une vieille église, quelques murs délabrés sont les seuls témoins d'un passé inconnu de beaucoup et cependant, dans les siècles passés ce château fut la résidence de seigneurs qui ne furent pas sans gloire, et cette église, par sa construction, remonte à quatre siècles en arrière. Elle a aussi son histoire.

L'un et l'autre représentent à nos yeux les deux forteresses de toute société grande ou petite : *Autorité et Religion.*

Qui habita ce château ? Que fut cette église ? Voilà les deux questions que nous allons poser et que nous allons essayer de résoudre après quelques détails préliminaires.

CHAPITRE PRÉLIMINAIRE

I. — *Le village d'Aussonne remonte-t-il à une haute antiquité?*

Nous ignorons à quelle époque ce village fut bâti et devint une communauté. Tout porte à croire que, lorsque après l'époque barbare, les communes furent constituées avec leurs seigneurs, leurs consuls, leurs coutumes, leurs privilèges, Aussonne existait. Car déjà ce village est cité dans le Cartulaire des Seigneurs de Lisle, dès 1118.

II. — *D'où est venu à Aussonne son nom?*

Une partie du territoire d'Aussonne est traversé par la rivière de l'Aussonnelle, qui va se jeter à 2 kilomètres plus loin, dans la Garonne. On s'est souvent demandé si Aussonne tirait son nom de la rivière qui traverse son territoire, ou bien si l'Aussonnelle a tiré son nom d'Aussonne. Nous sommes portés à croire que la rivière existant avant le village, le village a tiré son nom de la rivière qui serpente gracieusement dans ses vertes prairies.

Dans les documents officiels, actes notariés, chartes ou autres monuments historiques des douzième, treizième, quatorzième et quinzième siècles, Aussonne est désignée sous le nom d'*Alsona*; ce n'est qu'à partir du seizième siècle qu'on lui donne le nom d'Aussonne. Cependant encore, dans le langage vulgaire, et le patois du pays, Aussonne porte le même nom qu'on lui donnait au seizième siècle dans les actes. Car il existait dans les Archives de la Communauté un livre daté de 1573 ainsi intitulé : « *Aici coumenço lé libré dé las estimos del dit loc d'Aoussouno.* »

En résumé, Alsona, Aoussouno, Aussonne : tels sont les trois noms donnés à la communauté dont nous entreprenons de raconter l'histoire.

III. — *A quelle province appartenait Aussonne?*

Il semblerait que ce village se trouvant à quelques lieues de Toulouse, dût faire partie du comté de Toulouse. Toutefois, jusque en 1236, Aussonne dépendit de la province d'Aquitaine. Ce ne fut qu'à cette date que le comte de Toulouse, voulant étendre les limites de son comté, l'acquit du comté de Lisle, Casaveteri, dans son livre (*De Limitibus Tolosæ*), raconte que les consuls de la ville de Toulouse s'étant réunis, en 1235, dans l'église du Taur, après avoir invoqué le Saint-Esprit, par le chant du *Veni Creator*, prièrent Raymond, comte de Toulouse, d'étendre les limites de la ville à une lieue au delà de celles qui existent actuellement. Ces limites furent aussitôt déterminées, et l'auteur précité en donne la nomenclature qui n'entre pas dans notre sujet. Nous retenons seulement ce passage : « Les limites du comté de Toulouse seront fixées jusqu'à l'Aussonnelle, y compris le village, le territoire et le consulat d'Aussonne. Il existe encore, sur la route de Toulouse à Cadours, entre Cornebarrieu et Mondonville, une borne en pierre très ancienne qui fixe ces limites.

IV. — *Quelle était l'importance d'Aussonne sous la féodalité?*

Un questionnaire, adressé au seigneur au commencement du dix-huitième siècle, répondra à cette question : 1° Est-ce une ville, bourg ou village? — Village; l'église et le château entourés d'une trentaine de maisons. — 2° Sur quelle rivière ou ruisseau, s'il y en a? — A un quart de lieue de la Garonne, l'Aussonnelle traverse la paroisse. — 3° A quelle distance des villes ou bourgs les plus proches? — A deux lieues de Tolose, et à une de Grenade. Aussonne a au levant Seilh et Bauzelle ; au midi, Blagnac et Cornebarrieu ; au couchant, Mondonville et Daux ; au nord, Merville. — 4º De quel diocèse? — De Toulouse. — 5º De quel gouvernement? — Dernier village du Languedoc. — 6º De quel présidial? — De Tolose. — 7º De quel bailliage ou prévôté? — Ancienne sénéchaussée de l'Isle-Jourdain, à présent sénéchaussée de Tolose. — 8º Quelle est la coutume? — A présent de Tolose. — 9º De quelle intendance ou généralité? — Intendance de Languedoc, généralité de Tolose. — 10º De quelle élection ou recette? — Il n'y a pas d'élection en Languedoc, recette de Tolose. — 11º Quel grenier à sel? — De Tolose. — 12º Combien de feux ou chefs? — Feu est un terme de taille, qui signifie 10 livres, la livre est composée d'un arpent de pré, ou vigne, ou bois, ou de deux arpents de terre, il y a 200 feux ou 2,000 arpents sujets à la taille et plus de 500 arpents nobles, comme dépendant de la forêt de Carbonnière, portion de celle de Bouconne. Il y a 91 chefs de famille habitant dans la paroisse. — 13º La taille y est-elle réelle ou personnelle? — Réelle. — 14º Y a-t-il annexe ou hameau qui en dépendent? — Il n'y a ni annexe ni hameau, mais plusieurs métairies écartées les unes des autres, et des maisons agencées appartenant à des habitants de Tolose. — 15º La nature du terroir? — Le terroir au-dessus du médiocre, produit des blés, mixtures, des vins renommés, près et bois. — 16º La seigneurie est-elle fief de dignité comme principauté, duché, marquisat, comté, baronie on simple fief? — Marquisat érigé en 1652, en faveur de Jacques II de Boysson, Les lettres patentes en faveur des mâles furent registrées en 1676. — 17º Quel est le commerce principal? — Les denrées. — 18º Foires? quand? — Quatre, qui durent un jour. — 19º Marché? — Le jeudi. — 20º Manufactures? — On y a établi des chaudières pour l'eau-de-vie. — 21º Où se consomment les productions de ce lieu ? — Les denrées se débitent à Toulouse et à Grenade. — 22° A quelle ville faut-il adresser par la poste les lettres à ce lieu ? — A Tolose.

(Toutes ces réponses furent données par Mathieu François marquis d'Aussonne. — *Archives du château*).

V. — *Par qui la communauté d'Aussonne était-elle régie sous la féodalité ?*

Comme toutes les communautés du royaume, Aussonne était régie par 4 consuls. Ils étaient élus tous les ans, à la Toussaint, par le seigneur, auquel ils prêtaient immédiatement serment de fidélité. Ces magistrats étaient chargés de prendre soin des intérêts de la communauté, de les défendre devant toutes les juridictions, de conserver les privilèges, établir les tailles, faire les registres terriers, tenir les comptes.

Les consuls dont nous avons retrouvé les noms furent : En 1340, Pierre Galinier, Etienne Salivas, qui signèrent un contrat avec Jordain de Lisle. En 1517, François del Canté et François Bagnéris. En 1548, Guilhaume Sestières, Jacques Molinier, Pierre Sestives et Boussail. En 1503, Laqueille, Guilhem, Chalons et Cautsatière. En 1549, Civis et Vinssac, Monestié et Lassalle.

A part les consuls, il y avait à Aussonne un juge nommé par le seigneur, et qui rendait la justice en son nom : un notaire royal.

CHAPITRE PREMIER

SEIGNEURIE D'AUSSONNE

§ 1. — *Quels ont été les seigneurs d'Aussonne aux onzième, douzième et treizième siècles?*

Au onzième siècle, Aussonne était déjà régie et gouvernée par des seigneurs indépendants. Son territoire ne faisait pas partie du domaine de la couronne. C'était une justice, c'est-à-dire un lieu ou territoire sur les habitants duquel le seigneur avait le droit d'exercer la haute, base et moyenne justice. Nous lisons, dans un mémoire fait en faveur des seigneurs d'Aussonne, ces paroles· « Il existait un seigneur grand justicier à Aussonne, dès les temps les plus reculés de la féodalité. »

Déjà, en 1148, les seigneurs de Lisle possèdent des droits seigneuriaux à Aussonne.

Au douzième siècle, nous trouvons successivement les noms d'Yzarn de Verfeil, de Guilhaume de Latour et du couvent de Lespinasse, de Cavarn de Sabolène, de Bernard et Maurin de Lévignac et Hugues de Sabolène, de Bernard Guilhaume et Antoine de Caraborde comme possédant des droits féodaux sur le territoire d'Aussonne.

Mais la majeure partie de ces droits passa successivement entre les mains des familles de Sabolène, de Lévignac et de Caraborde.

En 1195, Cavarn de Sabolène, Bernard et Maurin de Lévignac, se trouvant débiteurs de 1060 sous toulousains, donnèrent en garantie de paiement tout ce qu'ils possédaient dans le territoire et le village d'Alsona, y compris les hommes et les femmes avec leur tenure, les domaines des chevaliers vassaux, les champs, les bois, les tasques..... Il fut reconnu par la même occasion que les Caraborde avaient déjà la sixième partie du village en qualité d'acquéreurs de Hugues de Sabolène.

En 1207, Antoine de Caraborde fit don au sieur de Pradère de tout ce qu'il possédait dans le territoire d'Aussonne. Au commencement de ce siècle, le comte de Toulouse recueillit par héritage la succession de quelques biens-fonds établis sur le territoire de ce consulat. Les limites de ces domaines furent déterminées par les prud'hommes de la communauté, requis pour cela par le bailli comtal de Cornebarrieu. Parmi ces biens étaient divers casals, confrontant la terre de Pierre de Caraborde, près du fossé du bourg d'Aussonne (Vallum barri de Alsona).

En 1210, Maurin de Lévignac engage toutes les propriétés qu'il possède à Aussonne, ainsi que le château et le domaine seigneurial en faveur dés Caraborde. Cette famille posséda la seigneurie d'Aussonne jusqu'en 1272. Mais à cette époque, Pierre de Caraborde vendit, pour 3000 sous toulousains, aux seigneurs de Lisle, tous les droits de seigneurie foncière et juridiction dont il jouissait dans le village d'Aussonne et ses dépendances. Déjà les seigneurs de Lisle étaient possesseurs, à Aussonne, d'un certain nombre de biens nobles; mais c'est surtout par cette dernière acquisition qu'ils devinrent les principaux seigneurs d'Aussonne et possédèrent la partie principale de son territoire. A partir de cette époque, la terre et seigneurie d'Aussonne est comprise dans le dénombrement des domaines des seigneurs de Lisle et spécialement en celui de 1238.

En 1286, on lit dans un Mémoire imprimé qui se trouve aux archives du château d'Aussonne : « Jordain de Lisle, seigneur d'Aussonne, établit audit lieu bailly, lieutenant et autres officiers. » Les Jordain de Lisle étaient, à cette époque, seigneurs de Launac, Saint-Cézert et Merville. Cette puissante maison possédait d'immenses biens sur les bords de la Garonne, de la Save et de l'Hers.

Vers la fin du treizième siècle, les seigneurs de Lisle, tout en conservant une directe et quelques biens sur le territoire d'Aussonne, en perdirent la seigneurie. En 1383, ils possédaient encore des biens dans cette localité, car Pierre Rabini, à cette époque, donne quittance générale aux consuls d'Aussonne au nom du comte Jordain de Lisle.

Nous avons dit précédemment qu'en 1235 Aussonne fut incorporée aux domaines du comte de Toulouse. En 1271, ce comte étant mort sans enfants, la communauté fut réunie à la couronne de France sous le règne de Philippe le Hardi, petit-neveu du dernier comte défunt.

Comment les seigneurs de Lisle abandonnèrent-ils la seigneurie d'Aussonne tout en conservant des biens en ce lieu; nous l'ignorons. Toujours est-il qu'au commencement du quatorzième siècle, la seigneurie d'Aussonne faisait partie du domaine direct de la couronne et que Sa Majesté Philippe le Bel dut l'avoir des comtes de Toulouse qui l'avaient acquise des seigneurs de Lisle.

§ II. — *Quels furent les seigneurs d'Aussonne aux quatorzième, quinzième et seizième siècles ?*

1° Les de Balenne

A partir de cette époque, les documents authentiques que nous avons puisés aux Archives du château d'Aussonne, vont nous donner la nomenclature exacte des seigneurs jusques en 1793.

En ce qui concerne le quatorzième siècle, nous lisons dans un Mémoire justificatif présenté par un seigneur d'Aussonne, conseiller au Parlement de Toulouse, que, le 20 février 1306, le roi Philippe le Bel, ayant désiré acquérir et unir à son domaine les terres et seigneuries d'Aumont, Mirebel,

Septfonts dans le Quercy, terres qui appartenaient à Gérault de Balenne, surintendant des finances de la sénéchaussée de Toulouse, donna, en échange de ses terres, à Balenne, la Baronie de Blagnac et Justices d'Aussonne, Seilh, Beauzelle, Cornebarrieu et autres précédemment acquises par le comte de Toulouse. Le maréchal de Périgord fut chargé de faire l'expertise des terres de Balène et de celles qui lui étaient données en échange. Le roi approuva cet échange par décret du mois de mars 1307. Les de Balène, à partir de cette époque, furent les seigneurs de Blagnac et d'Aussonne. Les commissaires du roi se rendirent à Aussonne et firent prêter serment à Balène par les consuls et le présentèrent comme seul et légitime seigneur devant recevoir, comme redevances annuelles de chaque laboureur, un quartier, moitié blé, moitié avoine, par paire, lorsqu'ils labouraient avec des bœufs, et trois éminées, moitié froment, moitié avoine, lorsqu'ils labouraient avec d'autres animaux.

Les de Balène ne gardèrent pas longtemps la seigneurie d'Aussonne. Un fils de Balène céda, vers la fin du quatorzième siècle, cette seigneurie à la famille de Voisins qui la posséda jusqu'au quinzième siècle.

II. — Les de Voisins

Les de Voisins suivirent le comte de Montfort pendant la guerre des Albigeois et s'attachèrent à sa fortune. En récompense, ils reçurent Arques, dont ils furent les barons. Mais cette branche s'éteignit par une fille qui fut mariée dans la maison de Joyeuse, et c'est de celle-ci que sortirent les Barons de Blagnac et les seigneurs d'Aussonne.

La famille de Voisins posséda Blagnac, Aussonne et autres lieux pendant tout le cours du quinzième siècle.

Mentionnons ses principaux membres.

Géraud fut le premier seigneur de ce nom. Il mourut au commencement du quinzième siècle. Il fut remplacé par son fils

Thomas, dont nous trouvons le nom dans plusieurs actes passés avec la communauté.

Dans le cours du quinzième siècle, à plusieurs reprises, une discussion qui alla jusqu'au Parlement, eut lieu entre les de Voisins, seigneurs d'Aussonne, et la communauté, au sujet du droit de Bladade que les seigneurs réclamaient des habitants.

Les de Voisins habitant le château de Blagnac dont ils étaient les barons, ne devaient venir à Aussonne que pour recevoir leurs redevances et les hommages de leurs vassaux. Aussi nous n'avons à raconter rien de bien intéressant à leur sujet. En 1480, le seigneur d'alors interdit la chasse sur tout le territoire du consulat (acte passé le 14 mai).

Toutefois, le 26 décembre 1496, le seigneur d'alors accorda des privilèges à la communauté ; ils furent consignés dans un acte retenu par Cardy, notaire. Quels furent ces privilèges? Nous l'ignorons ; il est fait mention de cet acte dans un inventaire, sans autres détails.

Pendant le cours du seizième siècle, les de Voisins sont seigneurs d'Aussonne. Jusqu'en 1514, cette seigneurie fut le fief des de Voisins, seigneurs de Blagnac ; mais à cette époque, Nicolas de Voisins étant mort en laissant plusieurs enfants, Aussonne fut détaché définitivement de la baronie de Blagnac, qui devint le lot du fils aîné de la famille. Une branche cadette devint titulaire de la seigneurie d'Aussonne et le premier seigneur fut un autre Nicolas de Voisins qui fut Capitoul en 1524. Ses successeurs furent : en 1532, Séverin de Voisins; en 1547, Blaise de Voisins; en 1557, Bernard de Voisins, et enfin Timoléon de Voisins.

Ces derniers seigneurs entrèrent dans l'ordre de Malte, au Grand-Prieuré de Toulouse. C'est ce qui explique pourquoi, à la clef de voûte du grand portail de l'église d'Aussonne et sur un vieux bénitier, sont représentées des têtes de chevaliers de Malte avec leur coiffure caractéristique. Car ce fut en 1519 que fut construite l'église actuelle, monument remarquable, du style gothique le plus pur. Le clocher à la flèche élancée, seul témoin dans toute la contrée de l'architecture de cette époque, fut aussi élevé en même temps. On peut dire que le plus beau titre de gloire des de Voisins, c'est d'avoir doté la communauté de ce monument, qui redit et redira leur nom à la postérité.

En 1526, le sieur Jean Ebrard, étant consul, veille à l'exécution de l'arrêt de la Cour daté du 7 juin 1526 en faveur des habitants dudit lieu, d'avoir liberté de construire des fours et de faire cuire leur pain, contre Pierre de Voisins, seigneur dudit lieu.

En 1528, par arrêt du 1er mai, le Parlement donne, contre le sieur de Voisins, seigneur d'Aussonne, décharge aux habitants de ne payer aucun droit de Bladade.

Le 8 mars 1505, reconnaissance est faite du bois de Badouret et autres lieux de la communauté par Raymond Cesture et Pierre Roumieu, consuls, à Pierre de Voisins et Ebrard, sieurs du dit lieu, par acte retenu par Maillali, notaire de Launac.

En 1537, noble Pierre de Voisins accorde, par contrat retenu par Guillaume Pradel, notaire de Blagnac, don et permission aux consuls d'Aussonne de porter des chaperons.

Vers la fin du seizième siècle, les de Voisins vendirent leur seigneurie aux de Boysson, sieurs de Beauteville. Voici dans quelles circonstances :

En même temps que les de Voisins, habitait à Aussonne, dans le commencement du seizième siècle, un riche propriétaire et co seigneur de ce lieu. Il se nommait Géraud Hébrard. A sa mort, il fit héritière de tous ses biens son épouse, dame Plancharde, sœur de Jean de Boysson, seigneur de Beauteville en Lauraguais. Celle-ci, n'ayant point d'enfants, laissa tous les biens que son mari lui avait légués à son frère qui devint par le fait possesseur des biens d'Aussonne. Il ne tarda pas à en devenir le seigneur. En effet, en 1557, noble de Voisins vendit à noble de Boysson, seigneur de Beauteville, de Larlenque et de Beauxerte, la seigneurie d'Aussonne avec la justice haute, basse et moyenne et tous les droits seigneuriaux dans le lieu, juridictions et appartenances d'Aussonne. Cet acte fut passé au château de Laubarède, en présence de Me de Lauret, propriétaire de ce château et co-seigneur,

La famille de Boysson ou Dubuisson posséda la seigneurie d'Aussonne jusqu'en 1793, par conséquent pendant près de deux cent cinquante ans. Aussi nous étendrons-nous davantage sur ces derniers seigneurs, au sujet desquels nous avons trouvé des documents intéressants dans les archives du château.

III. — LES DE ¿BOYSSON OU DUBUISSON

A la mort de Jean de Boysson, Géraud et Martin, ses fils, héritèrent de ses biens ; mais Géraud étant mort peu de temps après, Martin fut seul seigneur d'Aussonne et de Beauteville. Dans un testament daté de 1577, il institua Marthe de Bernuy, son épouse, pour héritière, lui laissant le soin de remettre à celui de ses fils qui lui donnerait le plus de satisfaction l'héritage dont il lui attribuait la jouissance. Celle-ci institua, en 1585, son fils Jacques en la terre et seigneurie d'Aussonne avec tous les droits y afférant.

JACQUES Ier. — Jacques Ier, docteur en droit et avocat au Parlement, épousa Catherine de Benoît. Par décret du 14 février 1589, il fut nommé conseiller et président aux requêtes du Palais, à Toulouse. Il mourut le 2 novembre 1631, laissant trois filles et deux garçons. Un de ses fils, *Mathieu* du Buisson, fit le voyage de Malte pour être reçu chevalier de Saint-Jean de Jérusalem, des mains du grand maître, qui était son oncle. Deux autres de ses fils furent religieux : le premier, dom Philippe d'Aussonne, au couvent des Chartreux de Toulouse ; le second, Frère Claude-Thomas, au couvent des Dominicains ; deux de ses filles furent religieuses : l'une Antoinette du Buisson, au couvent de Sainte-Catherine ; l'autre, Marguerite, au couvent de Saint-Pantaléon.

Il acheta *Lassalle* (1), du sieur de Lauret, en 1590, et donna le nom de seigneur de Lassalle à son fils Guillaume. A sa mort il fit, en faveur de l'église d'Aussonne, les dispositions suivantes : « Je donne et lègue, par forme d'obit, à l'église « d'Aussonne, la somme de 100 livres. Je veux qu'elle soit « mise entre les mains des consuls, pour être payée annuel-« lement aux curés et aux prêtres dudit lieu, à perpétuité : « à la charge par lesdits curés, à la fin de chacune des pro-« cessions qui sont faites audit lieu pour l'honneur du Saint-« Sacrement, chaque troisième dimanche du mois, et pour « l'honneur de N.-D. de la Congrégation du saint Rosaire, « chaque premier dimanche du mois et chaque fête de cette « Sainte Vierge mère de Dieu, et le jour de saint Roch, ils « disent *Requiem æternam*, avec l'absolution accoutumée, « en mémoire de moi ; priant Dieu pour le salut de mon âme « trépassée, sur la sépulture de mon fils, qui est enseveli « dans ladite église et au-dessous de mon agenouilloir, dans « le chœur d'ycelle, et priant le peuple assistant de dire un « *Pater* et un *Ave* pour le salut de mon âme. »

JACQUES II. — Le fils aîné de Jacques Ier lui succéda comme seigneur d'Aussonne, sous le nom de Jacques II. Il fut, comme son père, conseiller au Parlement de Toulouse, président à la chambre des requêtes du Palais. Il se maria avec Mlle de Talandier, et eut de ce mariage quatre garçons et trois filles. Le dernier des garçons fut François-Xavier, abbé d'Aussonne. Jacques II reçut, en 1642, en récompense

(1) Propriété rurale.

des services signalés qu'il avait rendus au roi, la présidence de la Cour des Aydes de Cahors, transférée ensuite à Montauban. Il fut gouverneur de Cahors, du Quercy et d'une partie du Limousin. Il commanda une partie des troupes du roi, et prit d'assaut Lauzerte. Le cardinal de Richelieu affecta, pour le récompenser, de lui donner la présidence de la Cour des aydes de Cahors, à la tranchée, devant Perpignan. Ce seigneur fut un des plus illustres membres de la famille du Buisson ; aussi un poète a-t-il pu écrire de lui :

> Que vois-je ! La même personne
> Va du palais au champ de Mars ;
> Elève de Thémis, favori de Bellone,
> Tu donnes des arrêts, tu forces des remparts,
> Et de la même main, dont tu tiens la balance,
> Tu fais briller le fer armé pour la vengeance.

Un de ses fils, Salvy, sieur de Beauregard, lieutenant au régiment d'Orléans, se distingua par des actions d'éclat à la guerre. Jacques II mourut le 27 mai 1670 ; il laissa aux pauvres d'Aussonne la somme de *100 livres*, et la même somme à l'église, à la charge par les curés de dire tous les ans, à perpétuité, le jour de sa mort, une messe chantée, et chaque 1er dimanche du mois un *Libera me*. Ce seigneur refusa la première présidence au Parlement de Bordeaux ; il préféra la survivance de sa charge pour son fils qui lui succéda, en effet, en 1670. On dit que Mazarin lui offrit aussi l'évêché de Saint-Malo.

Jacques III. — Jacques III fut conseiller du roi, et premier président en la Cour des aydes de Montauban. Il se maria avec Catherine de Raynaldi. Ce fut dans le salon de son épouse qu'en 1585 les dames de Montauban abjurèrent le protestantisme, et qu'en sortant de là elles vinrent chanter un *Te Deum* dans l'église des Jésuites. En 1676, le roi voulant récompenser le seigneur d'Aussonne des services

rendus par sa famille, et particulièrement par son père, soit
dans la magistrature, soit dans l'armée, érigea la seigneurie
d'Aussonne en *Marquisat*, par lettres patentes du mois
d'août. Voici un extrait de ces lettres :

« A ces causes, nous Louis, roi de France, de notre grâce
« spéciale, pleine puissance et autorité royale, nous avons, la
« dite terre et seigneurie d'Aussonne, circonstances et dépen-
« dances d'y celles, créé, érigé, élevé et décoré, créons, éri-
« geons, élevons et décorons par ces présentes signées de
« notre main, en titre, nom et prééminence de *Marquisat*
« pour en jouir et user par le sieur de Boysson, ses enfants
« et postérité mâle en loyal mariage, au même titre et dignité
« de marquisat d'*Aussonne*. Voulons et nous plaît, que tels
« ils se puissent dire, nommer et qualifier en tous actes, qu'ils
« jouissent de pareils honneurs, droit d'armes et blason, au-
« torité et prérogatives que les autres marquis de notre
« royaume ; que tous les vassaux, arrière-vassaux, et autres
« tenants noblement et en roture, du dit marquisat d'Aus-
« sonne, le reconnaissent pour marquis d'Aussonne, et les
« officiers exerçant la justice en y celui instituent leur sen-
« tence, et jugent sous le même nom, etc. »

JACQUES IV. — Jacques IV, fils aîné de Jacques III, succéda à son père dans le marquisat et seigneurie d'Aussonne.
Il fut conseiller au parlement de Bordeaux, par ordre du roi
qui lui conféra cette charge en 1679. Il devint ensuite avocat
général au parlement de Toulouse ; il s'y fit distinguer par
sa droiture, sa fermeté, son éloquence et sa facilité de parler
en public sans préparation. A la suite d'une discussion qu'il
eut avec le premier président, il encourut la disgrâce du roi.
Il adressa au roi un mémoire justificatif. Il s'y défend noblement et sans faiblesse contre les fausses accusations portées
contre lui. Il épousa demoiselle de Gailhard et fit avec elle le

voyage de Paris en 1702, pour aller plaider sa cause auprès du roi. Onze jours après son retour de Paris, après trois mois de mariage, il mourut presque subitement à Montauban.

Dans son testament il laissa une somme de 600 livres pour doter, au jour de leur mariage, 30 filles pauvres d'Aussonne.

Jacques IV étant mort sans enfants, la seigneurie d'Aussonne fut mise en contestation entre ses sœurs. Dame de Lacoste et Dame de Molières, qu'il avait fait héritières, et son frère Mathieu-François, qui réclama le titre de seigneur et marquis d'Aussonne, comme héritier mâle de Jacques III qui, dans son testament, ayant prévu la mort de son fils aîné, ordonnait que les enfants mâles fussent substitués à l'exclusion des filles dans l'héritage de la seigneurie. Le testament de Jacques IV fut cassé par le parlement et Mathieu François fut reconnu légitime possesseur du marquisat et seigneurie d'Aussonne à l'exclusion de ses sœurs.

Mathieu-François. — Mathieu-François était le second fils de Jacques III. Il fut avocat en la cour des aydes et finances de Montauban. Il épousa Catherine de Charles dont il eut 7 enfants : trois filles et quatre garçons. Ce seigneur fit le voyage de Rome et rapporta de la ville éternelle le corps entier d'un saint (saint Félicissime) et lui érigea une chapelle dans l'église d'Aussonne.

Tous les ans on faisait solennellement la fête de ce saint avec indulgence et oraison de quarante heures, les 29 et 30 septembre. Par son testament du 18 avril 1710, il institua pour son héritier en la seigneurie d'Aussonne son fils aîné Jacques V, ou bien, au cas de décès, un de ses frères par rang de primogéniture. Il laissa en mourant à l'église d'Aussonne la somme de 60 livres, à condition qu'on dirait, tous les jours de l'année de son décès, une messe basse dans sa chapelle de saint Félicissime. De plus, il chargea ses héritiers de doter 30 filles pauvres d'Aussonne : deux par an, jusqu'à concurrence de trente. Il mourut en 1743 et fut lauréat des Jeux-Floraux.

JEAN-CLAUDE DUBUISSON. Lui succéda dans le marquisat et seigneurie d'Aussonne. Celui-ci était capitaine dans le régiment de Piémont et chevalier de l'ordre royal de Saint-Louis. Il se maria avec demoiselle Elisabeth-Emma de Palaminy. Il mourut en 1780.

SAMUEL-JACQUES. — Le dernier seigneur d'Aussonne fut Samuel-Jacques-Louis-Jean-François du Buisson. Il était avocat et conseiller au Parlement de Toulouse; il fut condamné à mort en 1794 par le tribunal révolutionnaire de Paris.

Le dernier des Dubuisson d'Aussonne est mort il y a deux ans, dans son château de Mon'ech (Tarn-et-Garonne).

———

CHAPITRE II

PRIVILÈGES DES SEIGNEURS D'AUSSONNE

Nous n'avons pas pu retrouver la coutume d'Aussonne. Toutefois, un dénombrement des privilèges accordés aux seigneurs, fait par Jacques de Boysson, président à la Cour des Aydes de Montauban, nous les fera connaître :

1º Le seigneur exerçait la haute, moyenne et basse justice dans toute la terre d'Aussonne;

2º En cette qualité, il instituait, pour exercer la justice : 1º un juge; 2º un lieutenant juridictionnel; 3º un greffier; 4º un bayle et les employés nécessaires, lesquels officiers prêtaient serment entre ses mains. Les émoluments provenant de l'exercice de la justice lui appartenaient; les frais s'élevaient en moyenne par an à 100 livres;

3° Il choisissait à son gré quatre consuls tous les ans : ces consuls prêtaient serment entre ses mains, et recevaient de lui leur pouvoir. Lors de la prestation de serment, les consuls et communauté payaient par forme d'albergue (redevance féodale), la somme de 10 livres;

4° Les terres nobles dont jouissaient certains biens tenants dans la juridiction, paroisse et consulat d'Aussonne, payaient deux hommages ou vasselages. L'un sous la redevance d'une paire de gants, l'autre d'une paire d'éperons à chaque mutation de seigneur;

5° Les seigneurs possédaient une forge dans le village, à laquelle tous et chacun des habitants dudit lieu étaient tenus et obligés d'aller forger leurs outils, aiguiser leurs harnais aratoires et ferrer leur bétail de labourage et autres outils domestiques. Ils affermaient cette ferme 11 ou 12 setiers de blé par an. De plus, le seigneur percevait pour les censives (redevance annuelle en argent ou en nature que certains biens payaient au seigneur), 1 sol, 3 deniers pour chaque arpent; pour 20 arpents de terres particulières, il percevait de 10 gerbes, une; sur quelques autres arpents, il percevait argent, blé ou poules, selon les titres. Plusieurs maisons dans le village lui faisaient rente de grains, d'autres d'argent, d'autres de volailles; cette rente rapportait tous les ans au seigneur 550 ou 560 livres. Les agriers (propriété rurale qui payait redevance au seigneur), lui rapportaient 24 ou 25 setiers avoine, 68 ou 70 setiers blé. La rente des poules ou poulets s'élevait à 80 ou 100 paires; de plus, les ventes, lods (redevance que le seigneur avait droit de prendre sur la vente d'un héritage fait dans sa juridiction) et contrats, rapportaient au seigneur 200 ou 300 livres;

6° Le seigneur avait le droit de retenir par préférence les biens vendus, au même prix qu'en offrait l'acheteur ;

7° Nul ne pouvait chasser dans le territoire de la seigneurie, sans la permission du seigneur, pas plus que bâtir maison forte, pigeonnier, garène, tours et fossés, sans la même permission ;

8° Les habitants d'Aussonne étaient obligés, en temps de guerre, de faire le guet, de garder le château nuit et jour et contribuer, par leurs travaux et manœuvres, à la réparation qu'il convenait de faire au château, fossés et fortifications d'ycelui ;

9° Il n'était pas permis de pêcher dans les ruisseaux de l'Aussonnelle et du Panayrols, sans la permission dudit seigneur.

CHAPITRE III

AUTRES FAMILLES NOBLES D'AUSSONNE

Il existait à Aussonne des fiefs nobles dont les titulaires jouissaient de certains droits seigneuriaux, mais qui devaient pourtant rendre hommage au seigneur principal : Cet hommage se traduisait spécialement à la mutation du seigneur par la redevance d'une paire de gants et d'éperons.

Au dix-septième siècle, de grandes dissensions eurent même lieu entre les seigneurs qui habitaient la rive droite de l'Aussonnelle et les seigneurs d'Aussonne. Les premiers prétendaient n'être pas tenus à foi et hommage au seigneur. Celui-ci, au contraire, soutenait qu'il avait juridiction sur tout le territoire de la communauté et seigneurie d'Aussonne cédés il y a trois siècles par le roi à Ballène, seigneur de Blagnac, Aussonne et autres lieux. Le conflit souvent renouvelé fut toujours jugé en faveur du seigneur par le Parlement.

Les principaux fiefs nobles d'Aussonne étaient :

1º Le château de Laubarède. Il était la résidence aux quatorzième et quinzième siècles de la famille de Faudoas, qui posséda à cette époque de grands biens à Aussonne et spécialement tous ceux qui se trouvaient sur la rive droite de l'Aussonnelle. Pendant quelque temps même, les Faudoas furent les seigneurs d'Aussonne. En 1417, le sieur de Faudoas fit donation à la communauté d'Aussonne de tous les biens bacants et pastuals, en la personne des consuls, à la condition qu'ils feraient réparer une fontaine assise au présent lieu appelé la Fontasse. Les de Faudoas avaient acquis la directe qu'ils possédaient dans Aussonne des comtes de Lisle.

Le sieur de Faudoas céda, en 1471, tous ses biens et fiefs d'Aussonne, au sieur de Lauret, avocat-général et ensuite premier président au Parlement de Toulouse. Ses héritiers possédèrent noblement ce fief pendant plusieurs siècles. Il furent les rivaux acharnés des seigneurs d'Aussonne et eurent presque continuellement avec eux de mesquines contestations qui furent toujours jugées en faveur du seigneur et spécialement par arrêts du Parlement de 1617 et 1682.

Les autres fiefs nobles étaient principalement le château de Lanségure, le Moulin, Paucy, Périac; les propriétaires de ces immeubles étaient tenus à foi et hommage au seigneur et à certaines redevances.

CHAPITRE IV

PAROISSE D'AUSSONNE

1° *Église*.

Qu'il y ait eu une église à Aussonne avant l'église actuelle, c'est une chose que nous ne pouvons révoquer en doute. Selon toutes probabilités, elle existait sur le lieu où est construit le temple actuel. Dès le treizième siècle, il est fait mention, en effet, dans certains actes, des curés et chapelains d'Aussonne. Ainsi, le curé d'Aussonne, Pierre Beyt, fut témoin des priviléges accordés aux habitants de Daux en 1288, et le prieur d'Aussonne, chanoine de Saint-Étienne (Magister Pontius Blancardi) figure dans les actes de 1289, 1293 et 1301. Mais à quelle époque a été construite l'église actuelle et son clocher? Longtemps nous avions cru, avec notre vénéré prédécesseur, l'abbé Piette, qu'elle avait été commencée par les Templiers et terminée par les chevaliers de Malte, au treizième siècle. Mais en cherchant des documents pour la monographie que nous écrivons, nous avons trouvé la date exacte de la construction de l'église et du clocher actuels. Nous pouvons affirmer donc sûrement que ce n'est que dans les premières années du seizième siècle que ce travail fut entrepris.

Nous lisons, en effet, dans un relevé exact et un inventaire général de tous les livres, actes et documents appartenant à la communauté du lieu d'Aussonne fait par Hugues Lacroix, notaire de Daux, le 23 octobre 1613, sur la requête de Raymond Paucy, que, dans l'une des armoires de l'hôtel de ville, se trouvait une ordonnance sur parchemin des commissaires du roi pour la construction de l'église et du clocher d'Aussonne, donnée au château de Périac le 17 septembre 1519.

Déjà avant cette date, en 1518, un arrêt du sénéchal de Toulouse condamnait le prieur d'Aussonne à réparer l'église et à contribuer à la reconstruction du pont de briques construit sur le fossé qui séparait l'église du fort.

Il existait donc en 1518 une église qui tombait en ruines sur le même emplacement de l'église actuelle. Mais le prieur se mit en mesure, non de réparer la vieille église, mais d'en bâtir une autre avec un clocher. Les consuls protestèrent contre la construction du clocher, comme le prouve un acte daté du 12 août 1519. En quoi consistait cette protestation? Nous l'ignorons; mais il est permis de supposer que les consuls se plaignirent à juste titre de la place que l'on donnait à ce monument dans le plan de l'église, place que tous trouvent encore singulièrement fixée. A cause de cette protestation, il fut fait, par des experts, une visite et une relation sur le clocher, et la discussion se termina par la décision des commissaires royaux qui autorisait la construction.

L'église commença donc à être bâtie en 1519; le sanctuaire fut complètement terminé, mais, faute de ressources sans doute, la voûte de la nef ne reçut qu'un simple plafond. Ce ne fut qu'en 1863 qu'elle fut construite dans le style du sanctuaire. Le style de ce monument est le gothique pur du treizième siècle. C'est sous Nicolas de Voisins, seigneur d'Aussonne, que l'on commença les constructions de cet édifice. Il ne dut se terminer que sous Séverin Blaise ou Timoléon de Voisins, ses successeurs, qui entrèrent dans l'ordre de Malte, au prieuré de Toulouse. C'est ce qui explique pourquoi, quoique Aussonne ne fût ni un prieuré, ni une commanderie de Malte, comme on l'avait cru jusqu'ici, on trouve des traces évidentes de la part que prirent à la construction de cet église les chevaliers de cet ordre qui étaient alors seigneurs de ce lieu. C'est ainsi qu'à l'extérieur de l'église, à moitié hauteur des murs, est peinte une ceinture blanche faisant le tour de l'édifice, où se trouvent, dans la partie nord surtout, des vestiges d'armoiries ; un bénitier très ancien, creusé dans la pierre dure, porte sur ses deux faces extérieures l'image d'un chevalier de Malte avec sa coiffure caractéristique ; les trois ogives de la porte d'entrée ont pour clef de voûte : la plus élevée, l'image de Jésus-Christ surmontée de l'alpha et de l'oméga ; celle du milieu, une tête mitrée, et la troisième, un chevalier de Malte avec sa coiffure. Il nous semble que ces quatre sculptures veulent dire : c'est sous un seigneur chevalier de Malte que l'église actuelle a été construite par le prieur d'Aussonne en l'honneur de Jésus-Christ, l'alpha et l'oméga.

M. Piette, curé d'Aussonne, présenta il y a quelques années, à la Société archéologique du Midi de la France, un mémoire sur le symbolisme de cette église. C'est ainsi que d'après lui les douze fenêtres ogivales, qui y sont pratiquées, représentent les douze apôtres, que l'église, avec ses deux chapelles latérales, représente Jésus-Christ en croix, que le mur du nord qui n'est pas construit à l'équerre, représente l'inclinaison du corps et de la tête du sauveur en croix, que la porte d'entrée établie par côté, représente la plaie faite par la lance au côté de Jésus... Ce travail est très original, et les bornes restreintes de cette étude ne nous permettent pas de le citer entièrement.

L'église d'Aussonne était placée sous le titre de Notre-Dame-du-Rosaire. Il n'y a rien de surprenant à cela puisque le Rosaire était établi partout lorsque l'église fut construite. Jacques Ier, seigneur d'Aussonne, prescrit dans son testament, daté du seizième siècle, que l'on prie pour lui le jour de la procession du Rosaire.

Les patrons de la paroisse étaient les glorieux martyrs saint Cyr et sainte Juliette.

C'était un privilège pour certaines familles notables de la communauté d'être ensevelies dans l'église. Pendant le cours des seizième et dix-septième siècles et d'une partie du dix-huitième, nous avons pu constater, d'après les registres de décès conservés à l'hôtel-de-ville d'Aussonne, que plus de 200 personnes reposaient dans ce saint lieu. Le reste de la population était ensevelie dans le cimetière qui entourait l'église, comme cela se pratiquait surtout au Moyen-Age, où tous voulaient reposer auprès de Celui qui a dit dans l'Evangile : Je suis la résurrection et la vie.

Jusqu'en 1519, l'église d'Aussonne était gouvernée par un prieur assisté d'un certain nombre de prêtres chargés d'exécuter les obits et fondations. Mais, en 1519, le prieuré d'Aussonne fut réuni au chapitre de Saint-Etienne qui devint le collateur de la cure et le percepteur des dîmes et revenus. Jusqu'à l'époque de la révolution, le revenu du curé était de 900 livres environ ; mais il ne percevait que le quart des fruits et les trois autres quarts étaient perçus par le chapitre de Saint-Etienne qui avait à Aussonne ses greniers, ses chais, et la maison du collecteur dans la rue que l'on nomme aujourd'hui Cahuzac.

Le curé était nommé par le chapitre et avait au moins un vicaire pour exécuter les obits que les seigneurs et les principaux habitants du lieu laissaient toujours à l'heure de leur mort.

Les principaux curés dont nous avons pu trouver les noms ont été avant la révolution :

1º 1288, Pons de Blancard ;

2º 1632, Jasques Cassan ;

3º 1674-1681, M. Vauliac ;

4º 1683-1725, M. Périgord.

Sous son administration fut bénite la grosse cloche qui est encore au clocher. Le parrain fut Jacques III, seigneur et marquis d'Aussonne ; la marraine Catherine Reynaldi, son épouse. L'inscription de cette cloche est ainsi conçue : « *Cadent a latere tuo mille et decem millia a dextris tuis.* »

Ce qui veut dire, à notre avis : Il en tombera mille à votre gauche et dix mille à votre droite, et vous, cloches bénies, vous redirez toujours à la population d'Aussonne les louanges du Seigneur.

5° 1725-1748, M. Riscle, docteur en théologie ;

6° 1748-1777, M. Ardouin.

Le plus bel éloge que l'on ait pu faire de ce prêtre, est celui qui est gravé sur la pierre sépulcrale qui est encore sur la porte du vieux cimetière : « Il fut le père des pauvres. »

7° 1777-1778, M. de Brueys ;

8° 1778-1826, M. Gaillard.

Ce prêtre fut obligé, pendant la période révolutionaire, de se réfugier en Espagne. Il ne revint dans sa paroisse qu'en 1801.

Après lui se sont succédé : MM. Boube, Bourgarel, Piette, Aragon, Jourde.

TABLE DES MATIÈRES

Toulouse. — Imp. catholique Saint-Cyprien, allée de Garonne, 27.

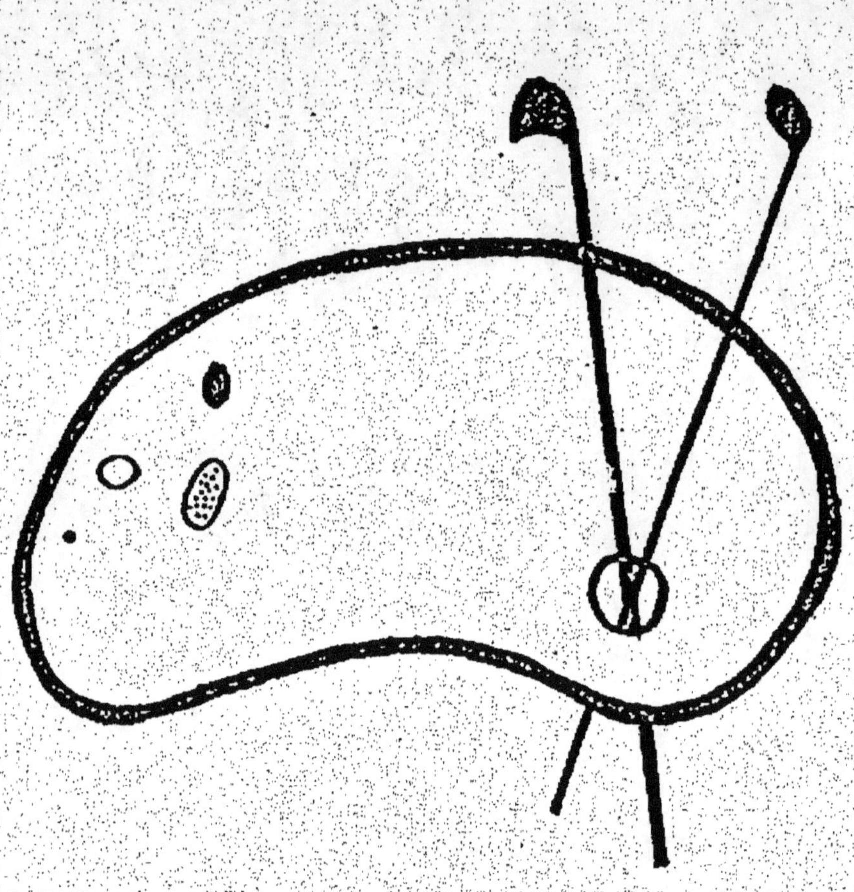

ORIGINAL EN COULEUR
NF Z 43-120-8

9 782013 246545